Impressum
Verlag: BABADADA GmbH, Nedderfeld 112 , 22529 Hamburg
Geschäftsführer / Verlagsleitung: Harald Hof
Druck: Books on Demand GmbH, In de Tarpen 42, 22848 Norderstedt

Imprint
Publisher: BABADADA GmbH, Nedderfeld 112 , 22529 Hamburg, Germany
Managing Director / Publishing direction: Harald Hof
Print: Books on Demand GmbH, In de Tarpen 42, 22848 Norderstedt

escola

სკოლა

dividir
გაყოფა
186/2
classe
საკლასო ოთახი
tauler
დაფა
pati (de l'escola)
სკოლის ეზო
professor
მასწავლებელი
paper
ქაღალდი
escriure
წერა
estilogràfica
კალამი
escriptori
მაგიდა
regle
სახაზავი
llibre
წიგნი
estudiant
მოსწავლე

bossa

ზურგჩანთა

estoig

პენალი

llapis

ფანქარი

maquineta de fer punta

ფანქრების სათლელი

goma

საშლელი

bloc de dibuix

ნახატების ალბომი

dibuix

ნახატი

pinzell

ფუნჯი

capsa de pintures

საღებავის ყუთი

tisores

მაკრატელი

cola

წებო

quadern d'exercicis

სავარჯიშო რვეული

deures

საშინაო დავალება

nombre

ნომერი

afegir

დამატება

sostreure

გამოკლება

multiplicar

გამრავლება

calcular

გამოთვლა

lletra

წერილი

alfabet

ანბანი

mot

სიტყვა

text

ტექსტი

llegir

წაკითხვა

guix

ცარცი

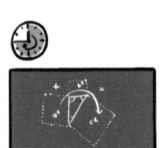

lliçó

გაკვეთილი

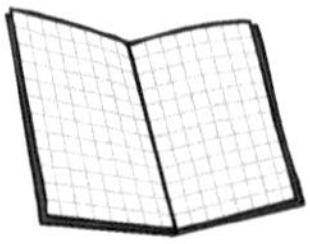

llibre de classe

რეგისტრაცია

examen

გამოცდა

certificat

სერტიფიკატი

uniforme escolar

სკოლის ფორმა

formació

განათლება

enciclopèdia

ენციკლოპედია

universitat

უნივერსიტეტი

microscopi

მიკროსკოპი

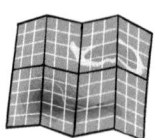

mapa

რუქა

paperera

კალათა ნარჩენი ქაღალდებისათვის

hotel
სასტუმრო
Grand
alberg
ჰოსტელი
ROOMS
EXCHANGE
oficina de canvi
ვალუტის გადაცვლის პუნქტი
maleta
ჩემოდანი
automòbil
მანქანა

llengua

ენა

sí / no

კი / არა

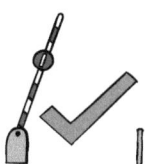

D'acord

კარგი

Ey!

გამარჯობა

traductora

მთარგმნელი

gràcies

გმადლობთ

Quant costa… ?

რა ღირს… ?

No entenc

ვერ გავიგე

problema

პრობლემა

Bona nit!

აღამო მშვიდობისა!

bon dia!

დილა მშვიდობისა!

bona nit!

ღამე მშვიდობისა!

fins aviat

ნახვამდის

direcció

მიმართულება

bagatge

ბარგი

bossa

ჩანთა

sarrona

ზურგჩანთა

convidat

სტუმარი

cambra

ოთახი

sac de dormir

საძილე ტომარა

tenda

კარავი

oficina de turisme

ტურისტული ინფორმაცია

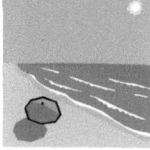

platja

სანაპირო

carta de crèdit

საკრედიტო ბარათი

esmorzar

საუზმე

dinar

ლანჩი

sopar

ვახშამი

bitllet

ბილეთი

ascensor

ლიფტი

segell

საფოსტო მარკა

frontera

საზღვარი

duana

საბაჟო

ambaixada

საელჩო

visat

ვიზა

passaport

პასპორტი

transport
ტრანსპორტი

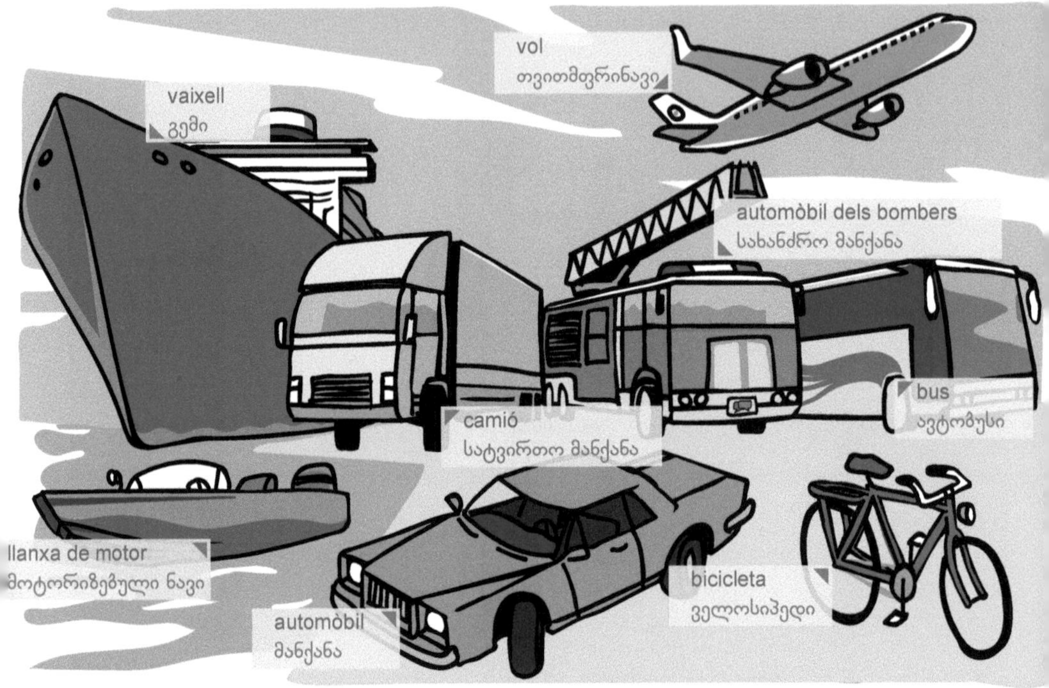

vol
თვითმფრინავი
vaixell
გემი
automòbil dels bombers
სახანძრო მანქანა
bus
ავტობუსი
camió
სატვირთო მანქანა
llanxa de motor
მოტორიზებული ნავი
automòbil
მანქანა
bicicleta
ველოსიპედი

transbordador
ბორანი

barca
ნავი

moto
მოტოციკლი

automòbil de policia
პოლიციის მანქანა

automòbil de curses
სარბოლო მანქანა

automòbil de lloguer
დაქირავებული მანქანა

vehicle compartit

მანქანის ერთობლივი მოხმარება

grua

საბუქსირე მანქანა

camió de les escombraries

ნაგვის მანქანა

motor

ძრავა

benzina

საწვავი

benzineria

ბენზინგასამართი სადგური

senyal de trànsit

საგზაო ნიშანი

trànsit

მოძრაობა

embús

საცობი

aparcament

მანქანის სადგომი

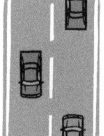

estació de trens

მატარებლის სადგური

vies

ლიანდაგები

tren

მატარებელი

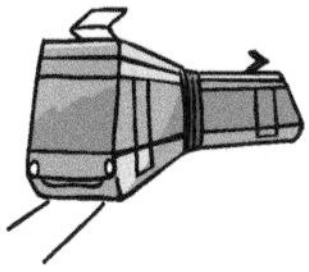

tramvia

ტრამვაი

vagó

ვაგონი

helicòpter

ვერტმფრენი

aeroport

აეროპორტი

torre

კოშკი

passatger

მგზავრი

contenidor

კონტეინერი

capsa de cartó

მუყაოს ყუთი

carretó

ურიკა

cistella

კალათა

enlairar-se / aterrar

აფრენა / დაშვება

ciutat

ქალაქი

poble

სოფელი

centre de la ciutat

ქალაქის ცენტრი

casa

სახლი

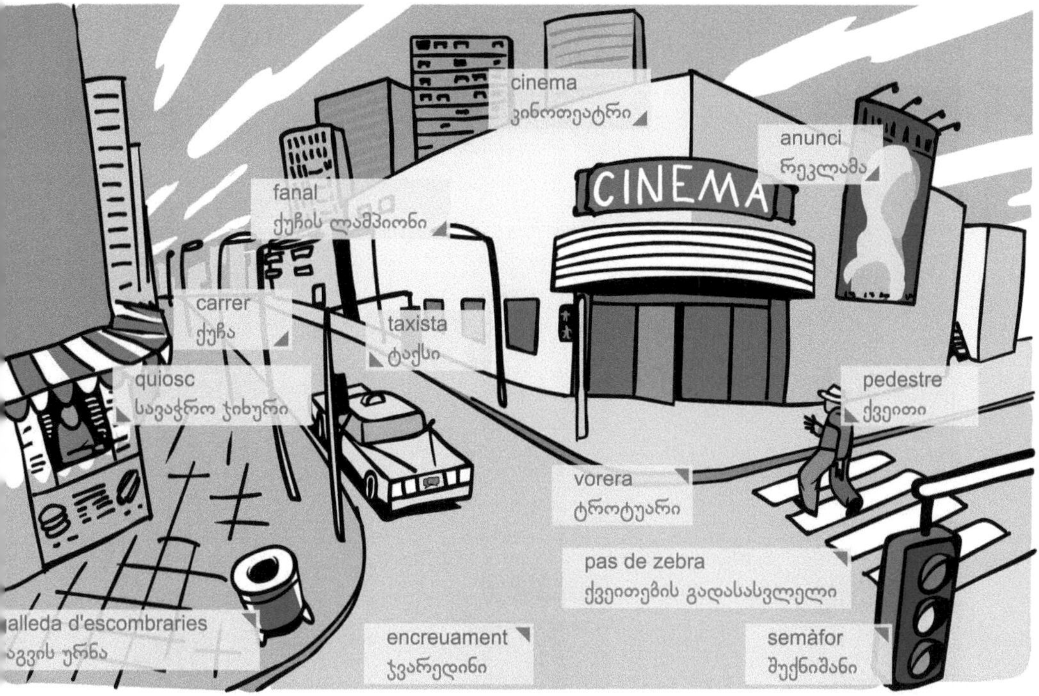

cinema
კინოთეატრი

anunci
რეკლამა

fanal
ქუჩის ლამპიონი

CINEMA

carrer
ქუჩა

taxista
ტაქსი

quiosc
საგაზეთო ჯიხური

pedestre
ქვეითი

vorera
ტროტუარი

pas de zebra
ქვეითების გადასასვლელი

alleda d'escombraries
აგვის ურნა

encreuament
ჯვარედინი

semàfor
შუქნიშანი

cabana

ქოხი

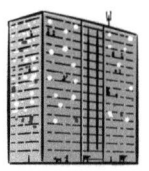

apartament

ბინა

estació de trens

მატარებლის სადგური

casa de la vila-ciutat

მუნიციპალიტეტი

museu

მუზეუმი

escola

სკოლა

universitat

უნივერსიტეტი

banca

ბანკი

hospital

საავადმყოფო

hotel

სასტუმრო

farmàcia

აფთიაქი

oficina

ოფისი

llibreria

წიგნების მაღაზია

botiga

მაღაზია

floristeria

ფლორისტი

supermercat

სუპერმარკეტი

mercat

ბაზარი

gran magatzem

მაღაზიის განყოფილება

peixateria

თევზის გამყიდველი

centre comercial

სავაჭრო ცენტრი

port

ნავსადგომი

ciutat - ქალაქი

parc

პარკი

banc

გრძელი სკამი

pont

ხიდი

escala

კიბეები

metro

მიწისქვეშა გადასასვლელი

túnel

გვირაბი

parada d'autobús

ავტობუსის გაჩერება

bar

ბარი

restaurant

რესტორანი

bústia de correu

საფოსტო ყუთი

senyal indicador

ქუჩის ნიშანი

parquímetre

პარკინგის საზომი

zoo

ზოოპარკი

piscina

საცურაო აუზი

mesquita

მეჩეთი

granja

ფერმა

pol·lució

გარემოს დაბინძურება

cementiri

სასაფლაო

església

ეკლესია

parc infantil

საბავშვო მოედანი

temple

ტაძარი

paisatge
ლანდშაფტი

fulla
ფოთოლ
ი
cartell indicador
გზის მანიშნებელი ნიშანი
camí
გზა
prat
მდელო
pedra
ქვა
excursionista
მოგზაური
arbre
ხე
riu
მდინარე
gespa
ბალახი
flor
ყვავილი

vall

ხეობა

muntanya

გორაკი

llac

ტბა

bosc

ტყე

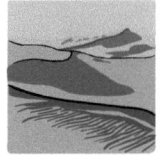

desert

უდაბნო

volcà

ვულკანი

castell

ციხე

arc de Sant Martí

ცისარტყელა

bolet

სოკო

palmera

პალმა

moscard

კოღო

mosca

ბუზი

formiga

ჭიანჭველა

abella

ფუტკარი

aranya

ობობა

escarabat

ხოჭო

granota

ბაყაყი

esquirol

ციყვი

eriçó

ზღარბი

llebre

კურდღელი

òliba

ბუ

ocell

ფრინველი

cigne

გედი

senglar

ტახი

cervo

ირემი

ant

ცხენ-ირემი

presa

კაშხალი

turbina

ქარის ტურბინა

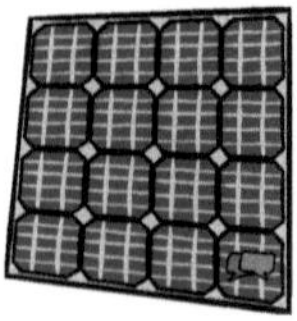

panell solar

მზის ბატარეა

clima

კლიმატი

paisatge - ლანდშაფტი

restaurant
რესტორანი

cambrer
მიმტანი
menú
მენიუ
cadira
სკამი
sopa
სუპი
pizza
პიცა
tovalla
მაგიდაზე გადასაფარებელი
coberts
დანა-ჩანგალი

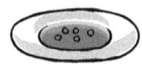

primer plat
საუზმე

plat principal
მთავარი კერძი

darreries
დესერტი

begudes
დასალევი

menjar
საჭმელი

ampolla
ბოთლი

menjar ràpid

სწრაფი კვება

menjar de carrer

ქუჩის საჭმელი

tetera

ჩაიდანი

sucrer

საშაქრე

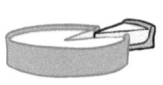

porció

პორცია

màquina d'espresso

ესპრესოს მანქანა

trona

მაღალი სკამი

factura

ანგარიში

plata

ლანგარი

ganivet

დანა

forqueta

ჩანგალი

cullera

კოვზი

cullereta

ჩაის კოვზი

tovalló

ხელსახოცი

got

ჭიქა

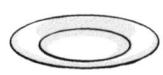

plat

თეფში

plat de sopa

სუპის თეფში

plateret

ჩაის ლამბაქი

salsa

საწებელი

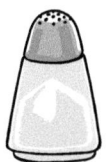

saler

სამარილე

molinet de pebre

წიწაკის საფქვავი

vinagre

ძმარი

oli

ზეთი

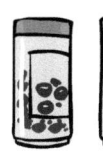

espècies

სანელებლები

quètxup

კეტჩუპი

mostassa

მდოგვი

maionesa

მაიონეზი

supermercat

სუპერმარკეტი

oferta especial
სპეციალური შეთავაზება
FOR
client
მომხმარებელი
productes lactis
რძის ნაწარმი
fruites
ხილი
carret de la compra
ურიკა

carnisseria

საყასბო

forn de pa

საცხობი

pesar

აწონვა

verdures

ბოსტნეული

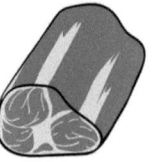

carn

ხორცი

menjar congelat

გაყინული საკვები

carn freda

გრილი ხორცი

conserves

კონსერვები

detergent en pols

სარეცხი ფხვნილი

dolços

ტკბილეული

articles domèstics

საყოფაცხოვრებო
პროდუქტები

productes de neteja

სარეცხი საშუალებები

venedora

გამყიდველი

caixa registradora

სალარო

caixera

მოლარე

llista de la compra

საყიდლების სია

horari d'obertura

მუშაობის საათები

portamonedes

პორტმანი

carta de crèdit

საკრედიტო ბარათი

bossa

ჩანთა

bossa de plàstic

პლასტიკური პარკი

begudes

დასალევი

aigua

წყალი

suc

წვენი

llet

რძე

coca-cola

კოკა-კოლა

vi

ღვინო

cervesa

ლუდი

alcohol

ალკოჰოლი

cacau

კაკაო

te

ჩაი

cafè

ყავა

espresso

ესპრესო

cappuccino

კაპუჩინო

banana

ბანანი

poma

ვაშლი

taronja

ფორთოხალი

síndria

საზამთრო

llimona

ლიმონი

pastanaga

სტაფილო

all

ნიორი

bambú

ბამბუკი

ceba

ხახვი

bolet

სოკო

avellanes

კაკალი

fideus

ატრია

espaguetis

სპაგეტი

arròs

ბრინჯი

amanida

სალათი

patates fregides

ჩიპსები

patates fregides

შემწვარი კარტოფილი

pizza

პიცა

hamburguesa

ჰამბურგერი

entrepà

სენდვიჩი

escalopa

კოტლეტი

cuixot

ლორი

salami

სალიამი

salsitxa

ძეხვი

pollastre

წიწილა

rostit

შემწვარი ხორცი

peix

თევზი

flocs de civada

შვრიის ფაფა

musli

მუსლი

cereals

სიმინდის ფანტელები

farina

ფქვილი

croissant

კრუასანი

panet

ბულკი

pa

პური

torrada

ტოსტი

bescuits

ნამცხვრები

mantega

კარაქი

mató

ხაჭო

pastís

ტორტი

ou

კვერცხი

ou fregit

ერბო-კვერცხი

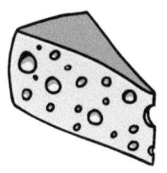

formatge

ყველი

gelat

ნაყინი

sucre

შაქარი

mel

თაფლი

melmelada

ჯემი

crema de xocolata

შოკოლადის კრემი

curri

კარი

granja
ფერმა

granja
სოფლის სახლი
graner
თავლა
bala de palla
ჩალის შეკვრა
camp
ყანა
cavall
ცხენი
remolc
მისაბმელი
tractor
ტრაქტორი
poltre
კვიცი
ase
ვირი
ovella
ცხვარი
xai
ცხვარი

cabra

თხა

vaca

ძროხა

vedella

ხბო

porc

ღორი

garrí

გოჭი

bou

ხარი

oca

ბატი

ànec

იხვი

poll

წიწილა

gall

ქათამი

gallina

მამალი

rata

ვირთხა

gat

კატა

ratolí

თაგვი

bou

ხარი

gos

ძაღლი

gossera

საძაღლე

mànega de regar

ბაღის შლანგი

regadora

საბაღე წურწურა

dalla

ცელი

arada

გუთანი

falç

ნამგალი

aixada

თოხი

forca

პატივის სახვეტი ჩანგალი

destral

ცული

carretó

მაზიდი

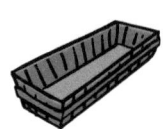

abeurador

გობი

lletera

რძის ბიდონი

sac

ტომარა

tanca

ღობე

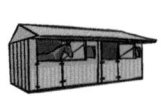

establa

ბოსელი

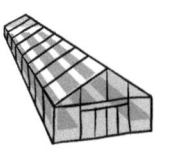

hivernacle

სათბური

sòl

ნიადაგი

llavor

თესლი

adob

სასუქი

collidora

მოსავლის ამღები კომბაინი

collir

მოსავლის აღება

collita

მოსავალი

nyam

იამი

blat

ხორბალი

soja

სოიო

patata

კარტოფილი

blat de moro o d'indi

სიმინდი

colza

სარეველას თესლი

arbre fruiter

ხეხილი

mandioca

მანიოკი

cereals

მარცვლეული

casa
სახლი

fumera
ბუხარი
teulada
სახურავი
canaló
წყალსადინარი მილი
finestra
ფანჯარა
garatge
ავტოფარეხი
campana
კარის ზარი
porta
კარი
galleda de les escombraries
ნაგვის ყუთი
bústia de correu
საფოსტო ყუთი
jardí
ბაღი

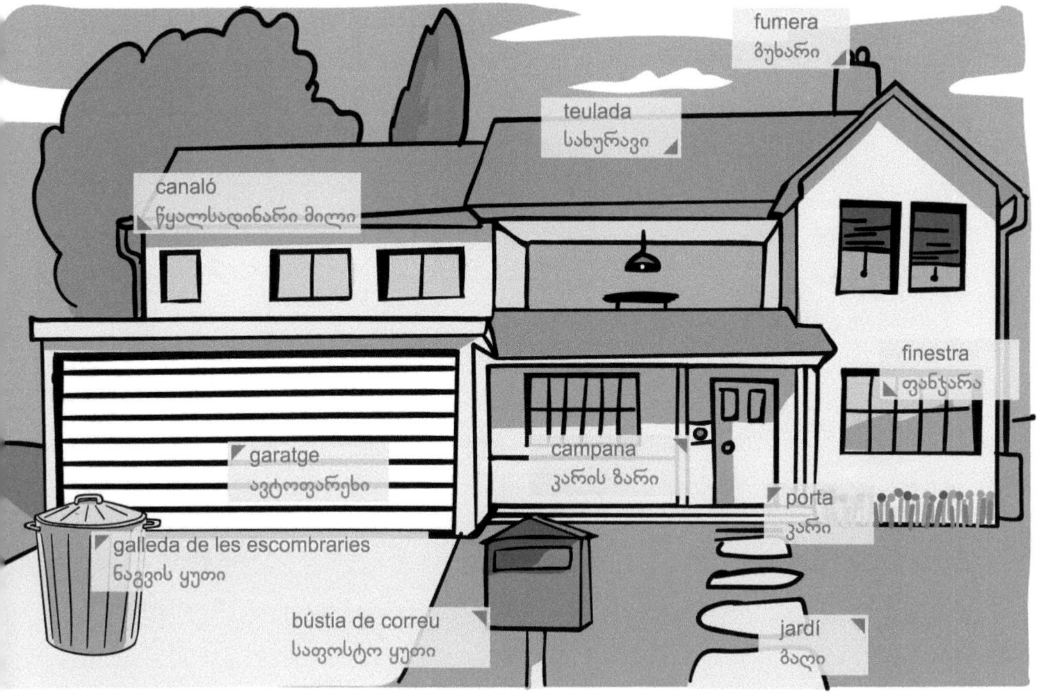

sala d'estar

მისაღები ოთახი

bany

აბაზანა

cuina

სამზარეულო

cambra de dormir

საძინებელი

cambra de nen

საბავშვო ოთახი

menjador

სასადილო ოთახი

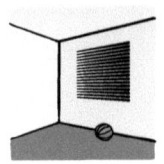

sòl

სართული

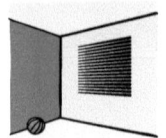

paret

კედელი

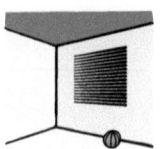

sostre

ჭერი

soterrani

სარდაფი

sauna

საუნა

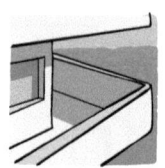

balcó

აივანი

terrassa

ტერასა

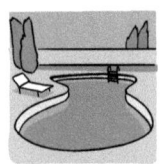

piscina

აუზი

tallagespa

გაზონის საკრეჭი

vànova

საბნის კონვერტი

cobrellit

საწოლი

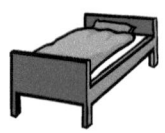

llit

ლოგინი

escombra

ცოცხი

galleda

სათლი

interruptor

გადამრთველი

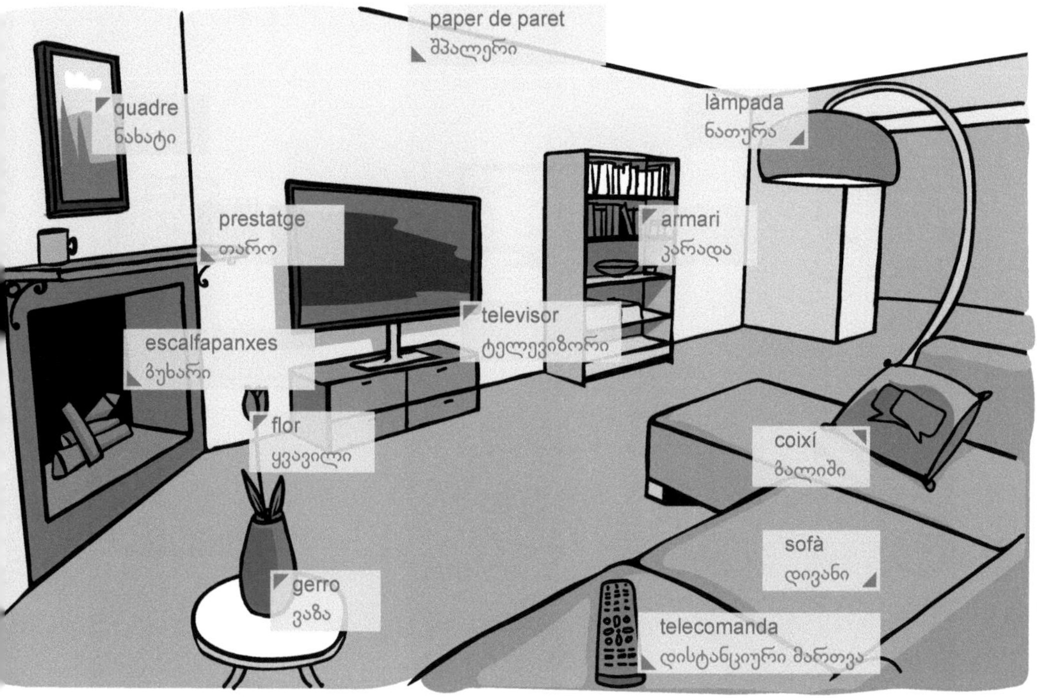

paper de paret
შპალერი

quadre
ნახატი

làmpada
ნათურა

prestatge
თარო

armari
კარადა

escalfapanxes
ბუხარი

televisor
ტელევიზორი

flor
ყვავილი

coixí
ბალიში

sofà
დივანი

gerro
ვაზა

telecomanda
დისტანციური მართვა

catifa
ხალიჩა

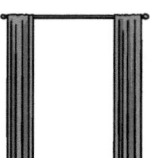

cortina
ფარდა

taula
მაგიდა

cadira
სკამი

cadira gronxadora
სარწეველა სკამი

cadiral
სავარძელი

llibre

წიგნი

llençol

საბანი

decoració

დეკორაცია

llenya

შეშა

film

ფილმი

cadena de música

hi-fi მოწყობილობები

clau

გასაღები

diari

გაზეთი

pintura

ფერწერა

cartell

პლაკატი

ràdio

რადიო

bloc de notes

ბლოკნოტი

aspiradora

მტვერსასრუტი

cactus

კაქტუსი

candela

სანთელი

cuina
სამზარეულო

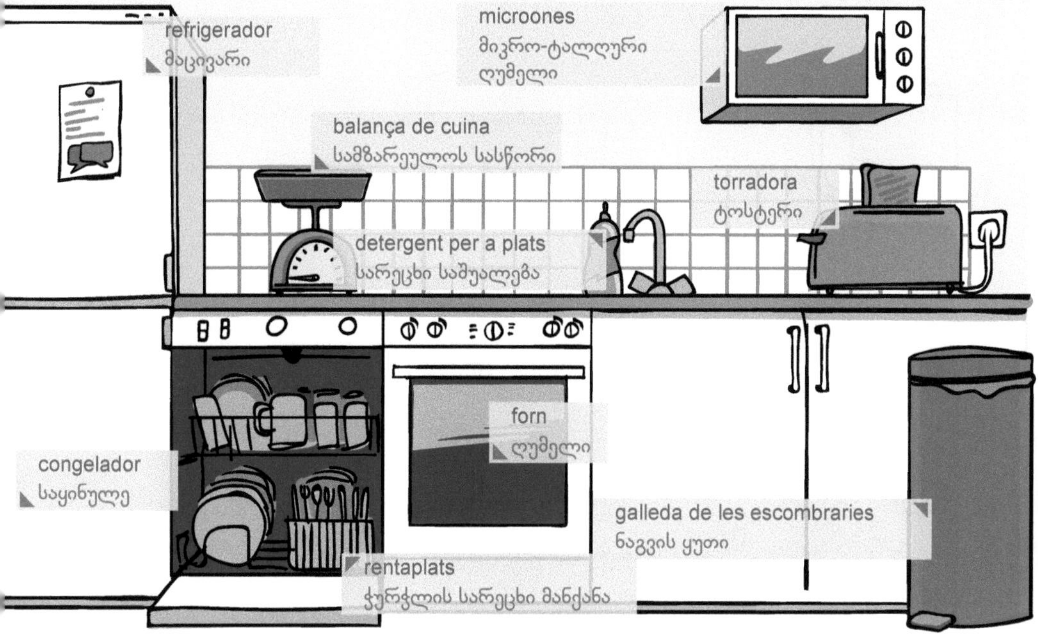

refrigerador
მაცივარი
microones
მიკრო-ტალღური ღუმელი
balança de cuina
სამზარეულოს სასწორი
torradora
ტოსტერი
detergent per a plats
სარეცხი საშუალება
forn
ღუმელი
congelador
საყინულე
galleda de les escombraries
ნაგვის ყუთი
rentaplats
ჭურჭლის სარეცხი მანქანა

cuina de fogons

გაზქურა

olla

ქოთანი

olla de ferro colat

თუჯის ქვაბი

wok / karahi

ტაფა ამოზერილი ფსკერით

paella

ტაფა

bullidor

ჩაიდანი

cuina - სამზარეულო 35

olla de vapor

ორთქლსახარში

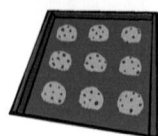

plata de forn

საცხობი ლანგარი

vaixella

ჭურჭელი

tassa grossa

კათხა

bol

თასი

bastonets xinesos

ჩინური ჩხირები

culler

ჩამჩა

espàtula

ფითხი

batedor

სათქვეფელა

colador

საწური

sedàs

საცერი

ratllador

სახეხი

morter

სანაყი

barbacoa

გრილი

foc a terra

კოცონი

taula de tallar

დაფა

corró

საგორავი

llevataps

ბურღი

pot de conserva

ქილა

obridor

ქილის გასახსნელი

agafador

ქოთნის დამჭერი

aigüera

ნიჟარა

raspall

ფუნჯი

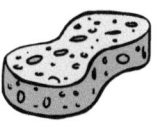

esponja

ღრუბელი

batedora

ბლენდერი

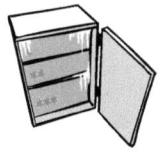

congelador

საყინულე კამერა

biberó

საბავშვო ბოთლი

aixeta

ონკანი

bany
აბაზანა

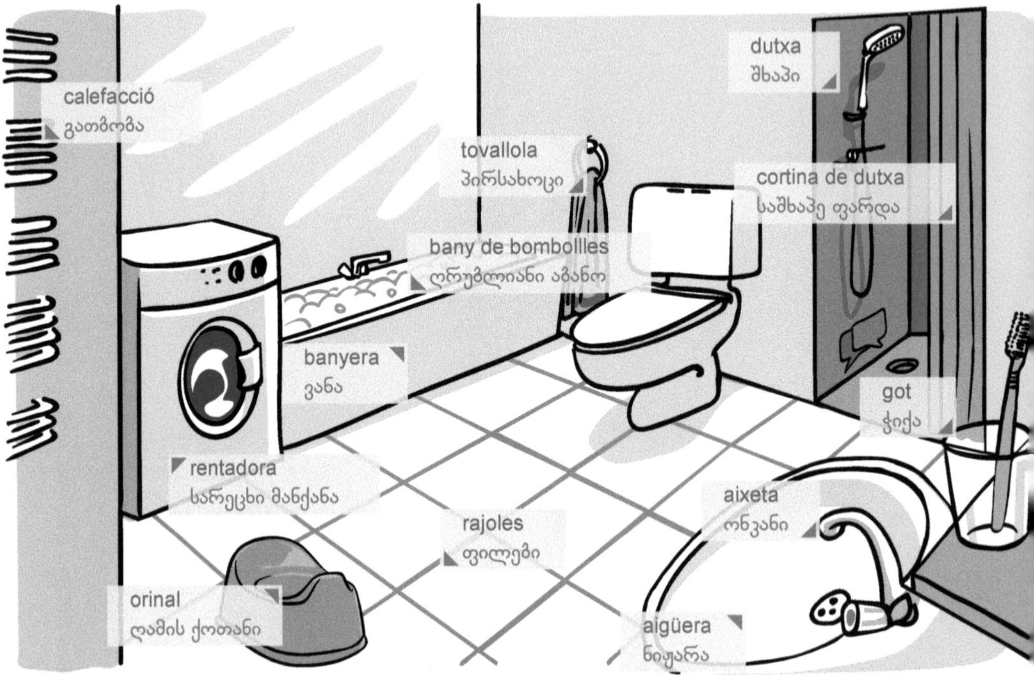

calefacció
გათბობა
dutxa
შხაპი
tovallola
პირსახოცი
cortina de dutxa
საშხაპე ფარდა
bany de bombolles
ღრუბლიანი აბანო
banyera
ვანა
got
ჭიქა
rentadora
სარეცხი მანქანა
aixeta
ონკანი
rajoles
ფილები
orinal
ღამის ქოთანი
aigüera
ნიჟარა

lavabo

ტუალეტი

lavabo turc

იატაკის ტუალეტი

bidet

ბიდე

orinador

კედლის პისუარი

paper higiènic

ტუალეტის ქაღალდი

escombreta de sanitari

ტუალეტის ჯაგრისი

raspall de dents

კბილის ჯაგრისი

pasta de dents

კბილის პასტა

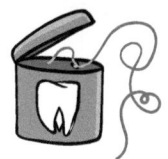

fil dental

კბილის ძაფი

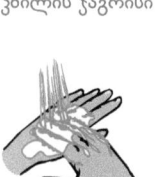

rentar

რეცხვა

pom de dutxa

ხელის შხაპი

dutxa íntima

ინტიმური შხაპი

rentamans

ტაშტი

raspall per a l'esquena

ზურგის სახეხი ფუნჯი

sabó

საპონი

gel de dutxa

შხაპის გელი

xampú

შამპუნი

manyopla de bany

ნეჭა

bonera

სანიაღვრე

crema

კრემი

desodorant

დეოდორანტი

mirall

სარკე

mirall-espill de mà

ხელის სარკე

maquineta de rasar

ბრიტვა

espuma de barbejar

საპარსი ქაფი

loció post-rasada

საშუალება გაპარსვის შემდეგ

pinta

სავარცხელი

raspall

ჯაგრისი

eixugador

თმის საშრობი

laca

თმის ლაქი

maquillatge

კოსმეტიკა

pintallavis

ტუჩების პომადა

esmalt d'ungles

ფრჩხილის ლაქი

cotó

ბამბა

tallaungles

ფრჩხილის მაკრატელი

perfum

სუნამო

estoig de bellesa

კოსმეტიკის ჩანთა

tamboret

ტაბურეტი

bàscula

სასწორი

barnús

სააბაზანო ხალათი

guants de goma

რეზინის ხელთათმანები

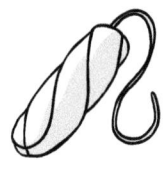

compresa higiènica

ტამპონი

compresa

სანიტარული პირსახოცი

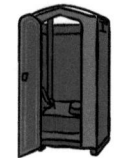

sanitari químic

ბიო-ტუალეტი

cambra de nen
საბავშვო ოთახი

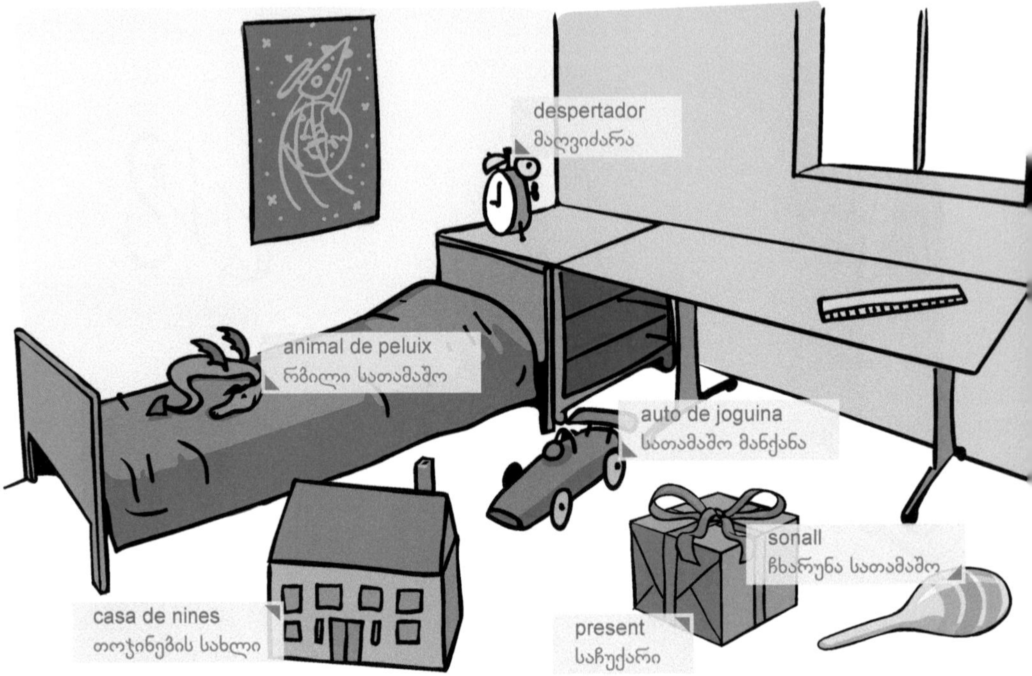

despertador
მაღვიძარა
animal de peluix
რბილი სათამაშო
auto de joguina
სათამაშო მანქანა
sonall
ჩხარუნა სათამაშო
casa de nines
თოჯინების სახლი
present
საჩუქარი

baló
გუშტი

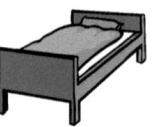

llit
ლოგინი

cotxet per a nens
საბავშვო ეტლი

joc de cartes
კარტის თამაში

trencaclosca
პაზლი

historieta
კომიკსი

peces de lego

ლეგოს აგურები

peces de construcció

ასაშენებელი კუბიკები

ninot d'acció

სათამაშო ფიგურა

granota

საცოცავი

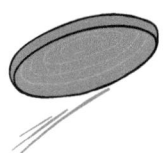

frisbee

ფრისბი

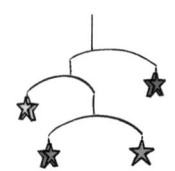

mòbil per a bressol

მობილე

joc de taula

სამაგიდო თამაში

daus

კამათელი

tren elèctric

რკინიგზის მოდელი

xumet

საწოვარა

festa

წვეულება

llibre de dibuixos

წიგნი ნახატებით

pilota

ბურთი

nina

თოჯინა

jugar

თამაში

sorrera

საქვიშარი

gronxador

საქანელა

joguines

სათამაშოები

consola de jocs de vídeo

ვიდეო თამაშის კონსოლი

tricicle

სამთვლიანი ველოსიპედი

osset de peluix

დათუნია

armari

გარდერობი

roba

ტანსაცმელი

mitjons

წინდები

mitges

ჩულქები

mitja pantaló

კოლგოტები

tapacoll
შარფი
paraigua
ქოლგა
cintura
ქამარი
camiseta
მკლავებიანი მაისური
botes
ფეხსაცმელი
plantofes
ჩუსტები
sabates d'esport
ბოტასები

sandàlies

სანდლები

sabates

ფეხსაცმელი

botes de goma

რეზინის ჩექმები

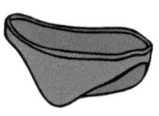

calçonets

ტრუსები

sostenidor

ბიუსჰალტერი

guardapits

მაისური

jjustacòs

სხეული

pantalons

შარვალი

jeans

ჯინსი

faldeta

ქვედაკაბა

brusa

ბლუზი

camisa

პერანგი

jersei

სვიტრი

dessuadora

კაპიუშონიანი ჟაკეტი

blazer

სპორტული ქურთუკი

jaqueta

ჟაკეტი

mantell

პალტო

impermeable

საწვიმარი

vestit de dona

კოსტუმი

vestit de dona

კაბა

vestit de núvia

საქორწილო კაბა

vestit d'home

კაცის კოსტიუმი

camisa de dormir

ღამის პერანგი

pijama

პიჟამოები

sari

სარი

mocador de cap

თავშალი

turbant

ტურბანი

burca

ჩადრი

caftan

ხიფთანი

abaia

აბაია

vestit de bany

საცურაო კოსტუმი

calçon(et)s de bany

ჩემოდნები

pantalons curts

შორტები

xandall

სპორტული კოსტიუმი

davantal

წინსაფარი

guants

ხელთათმანები

botó

ღილი

ulleres

სათვალეები

braçalet

სამაჯური

collaret

ყელსაბამი

anell

ბეჭედი

orellera

საყურე

casquet

კეპი

penjador

საკიდი

capell

ქუდი

corbata

ჰალსტუხი

cremallera

ელვა-შესაკრავის შეკვრა

casc

ჩაფხუტი

elàstics

აჭიმი

uniforme escolar

სკოლის ფორმა

uniforme

ფორმა

pitet

ბავშვის წინსაფარი

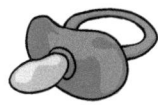

xumet

საწოვარა

bolquer

პამპერსი

oficina

ოფისი

servidor
სერვერი
armari arxivador
საკანცელარიო კარადა
impressora
პრინტერი
paper
ქაღალდი
monitor
მონიტორი
escriptori
მაგიდა
ratolí
თაგვი
arxivador
საქაღალდე
teclat
კლავიატურა
aperera
ლათა ნარჩენი ქაღალდებისათვის
cadira
სკამი
ordinador
კომპიუტერი

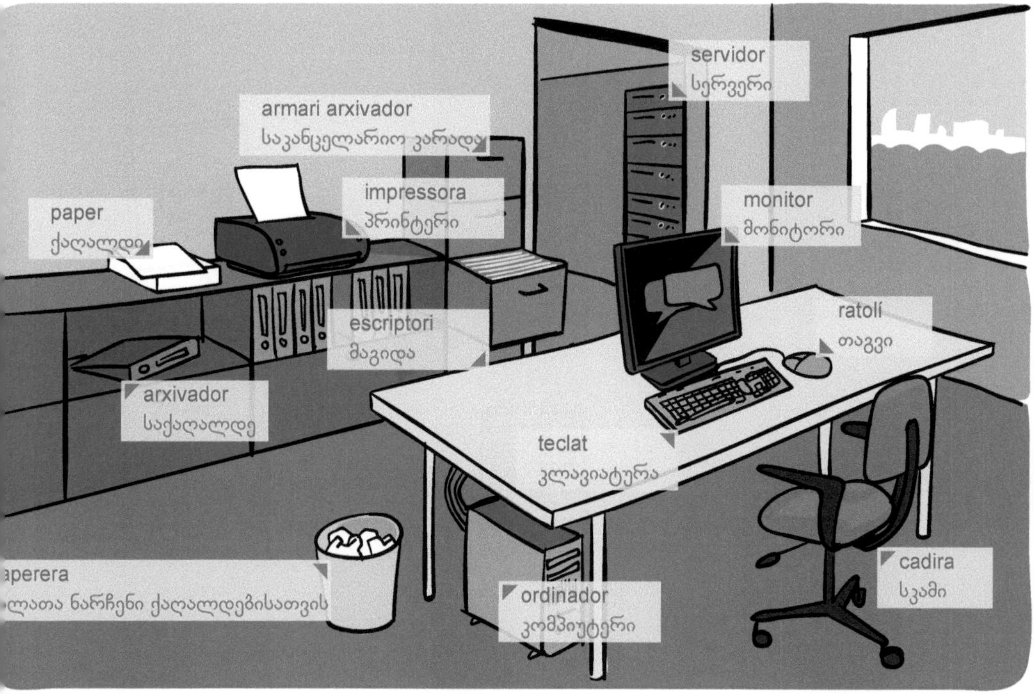

tassa de cafè

ყავის ფინჯანი

calculadora

კალკულატორი

Internet

ინტერნეტი

ordinador portàtil

ლეპტოპი

lletra

წერილი

missatge

მესიჯი

mòbil

მობილური ტელეფონი

xarxa

ქსელი

fotocopiadora

სკანერი

programari

პროგრამული
უზრუნველყოფა

telèfon

ტელეფონი

presa de corrent

როზეტი

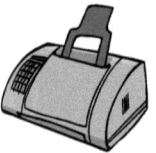

fax

ფაქსის მანქანა

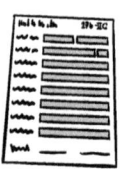

formulari

ფორმულარი

document

დოკუმენტი

comprar

ყიდვა

pagar

გადახდა

comerciar

ვაჭრობა

diners

ფული

dòlar

დოლარი

euro

ევრო

ien

იენი

ruble

რუბლი

franc suís

შვეიცარული ფრანკი

renminbi

ჟენმინბი იუანი

rupia

რუპი

caixa automàtica

ბანკომატი

oficina de canvi

ვალუტის გადაცვლის პუნქტი

or

ოქრო

argent

ვერცხლი

petroli

ნავთობი

energia

ენერგია

preu

ფასი

contracte

ხელშეკრულება

impost

გადასახადი

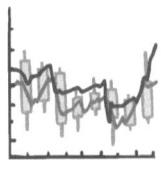

acció

აქცია

treballar

მუშაობა

treballador

თანამშრომელი

empresari

დამსაქმებელი

fàbrica

ქარხანა

botiga

მაღაზია

oficial de policia
პოლიციის ოფიცერი

bomber
მეხანძრე

cuiner
მზარეული

doctora
ექიმი

pilot
მფრინავი

jardiner

მებაღე

fuster

დურგალი

costurera

თეთრეულის მკერავი
ქალბატონი

jutge

მოსამართლე

química

ქიმიკოსი

actor

მსახიობი

conductor d'autobús

ავტობუსის მძღოლი

taxista

ტაქსის მძღოლი

pescador

მეთევზე

dona de la neteja

დამლაგებელი ქალბატონი

ensostrador

სახურავის ოსტატი

cambrer

მიმტანი

caçador

მონადირე

pintor

ფერმწერი

forner

მცხობელი

electricista

ელექტრიკოსი

obrer de la construcció

მშენებელი

enginyer

ინჟინერი

carnisser

ყასაბი

llanterner

სანტექნიკოსი

correu

ფოსტალიონი

soldat

ჯარისკაცი

arquitecte

არქიტექტორი

caixera

მოლარე

florista

ფლორისტი

perruquer

პარიკმახერი

revisor

კონდუქტორი

mecànic

მექანიკოსი

capità

კაპიტანი

dentista

სტომატოლოგი

científic

მეცნიერი

rabí

რაბინი

imam

იმამი

monjo

ბერი

capellà

სასულიერო პირი

eines

იარაღები

martell
ჩაქუჩი
tenalles
გრტყელტუჩა
descaragolador
სახრახნისი
clau anglesa
ქანჩის გასაღები
llanterna
ჯიბის სანათი

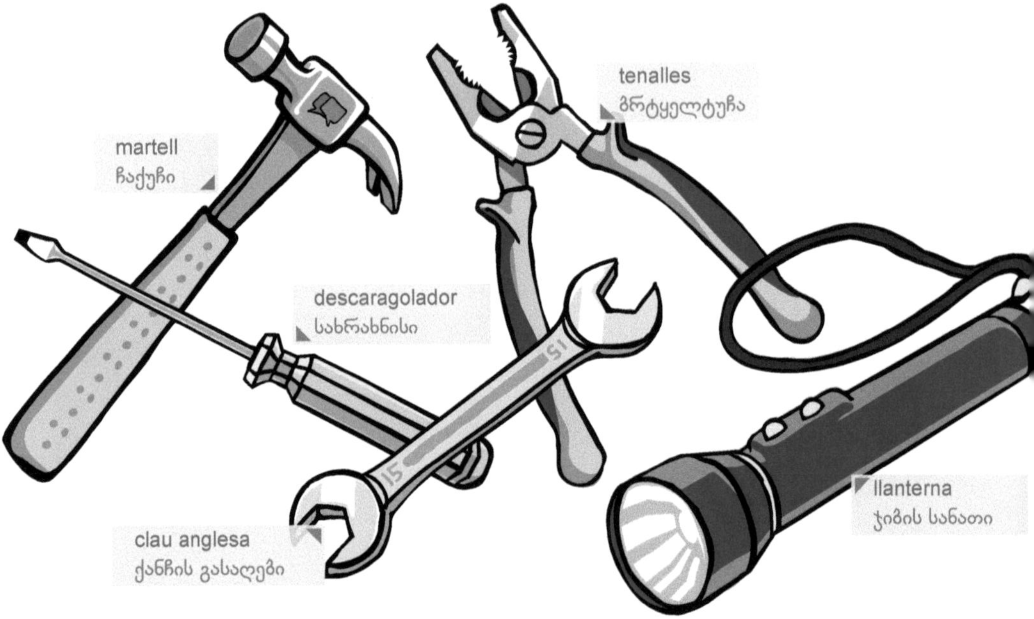

excavadora

ექსკავატორი

caixa d'eines

იარაღების ყუთი

escala

კიბე

serra

ხერხი

claus

ლურსმები

trepant

საბურღი

reparar
შეკეთება

pala
ნიჩაბი

Maleït siga!
ანდაბა!

pala
აქანდაზი

pot de pintura
საღებავის ქოთანი

caragols
ხრახნები

instrument de música
მუსიკალური ინსტრუმენტები

altaveu
რეპროდუქტორი
bateria
დასარტყამი ინსტრუმენტების კრებული
guitarra
გიტარა
contrabaix
კონტრაბასი
trompeta
საყვირი

piano

ფორტეპიანო

violí

ვიოლინო

baix

ბასი

timbal

ტიმპანონი

tambor

დასარტყამები

teclat

კლავიშები

saxofon

საქსოფონი

flauta

ფლეიტა

micròfon

მიკროფონი

instrument de música – მუსიკალური ინსტრუმენტები

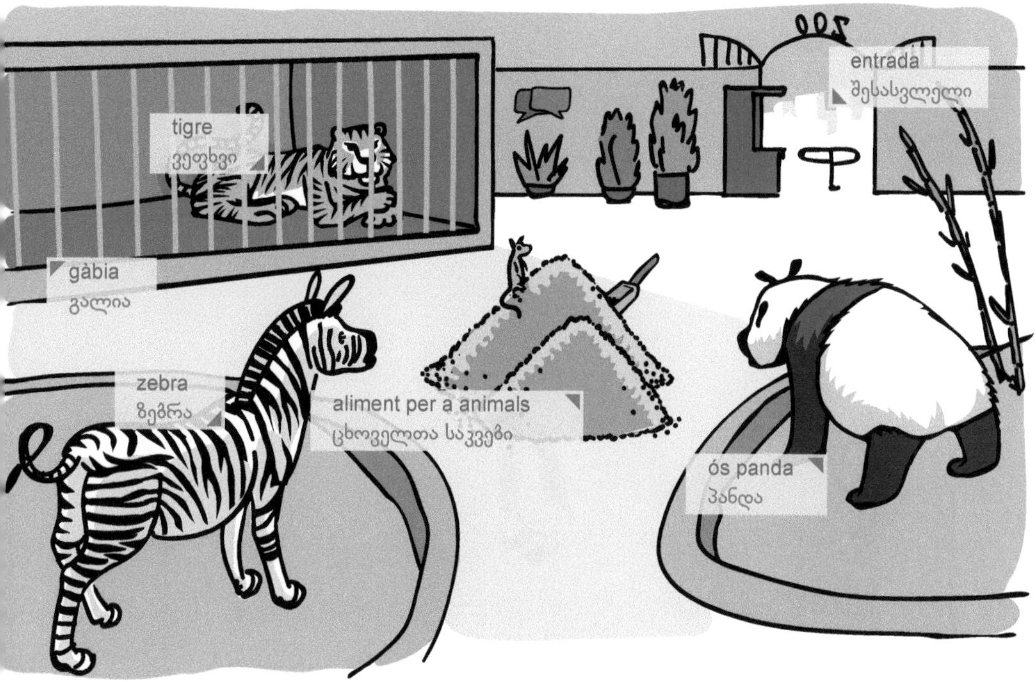

entrada
შესასვლელი

tigre
ვეფხვი

gàbia
გალია

zebra
ზებრა

aliment per a animals
ცხოველთა საკვები

ós panda
პანდა

animals

ცხოველები

elefant

სპილო

cangurú

კენგურუ

rinoceront

მარტორქა

goril·la

გორილა

ós

დათვი

camell

აქლემი

estruç

სირაქლემა

lleó

ლომი

simi

მაიმუნი

flamenc

ფლამინგო

papagai

თუთიყუში

ós polar

პოლარული დათვი

pingüí

პინგვინი

ca mari

ზვიგენი

paó

ფარშევანგი

serp

გველი

cocodril

ნიანგი

guardià del zoo

ზოოპარკის მფლობელი

foca

სელაპი

jaguar

იაგუარი

poni

პონი

lleopard

ლეოპარდი

hipopòtam

ბეჰემოტი

girafa

ჟირაფი

àliga

არწივი

senglar

ტახი

peix

თევზი

tortuga

კუ

morsa

მორჟი

guineu

მელა

gasela

გაზელი

esports
სპორტი

futbol americà
ამერიკული ფეხბურთი
ciclisme
ველოსპორტი
tenis
ჩოგბურთი
bàsquet
კალათბურთი
natació
ცურვა
boxa
კრივი
hoquei sobre gel
ყინულის ჰოკეი

futbol americà

ფეხბურთი

bàdminton

ბადმინტონი

atletisme

მძლეოსნობა

handbol

ხელბურთი

esquí

სათხილამურო სპორტი

polo

წყლის პოლო

activitats
მოქმედებები

saltar
გადახტომა
abraçar
ჩახუტება
riure
დაცინვა
anar
სეირნობა
cantar
სიმღერა
somiar
ოცნებობა
pregar
ლოცვა
fer un petó
კოცნა

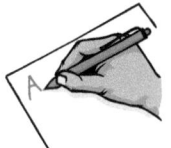

escriure
წერა

dibuixar
დახატვა

mostrar
ჩვენება

pitjar
დაჭერა

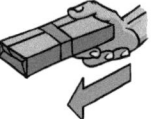

donar
მიცემა

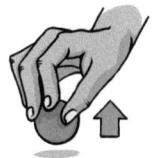

prendre
აღება

tenir

ქონა

fer

კეთება

ésser

ყოფნა

estar dret

დგომა

córrer

გარბენა

estirar

მოქაჩვა

llançar

გადაყრა

caure

დაცემა

jeure

ტყუილის თქმა

esperar

მოცდენა

portar

ტარება

asseure's

ჯდომა

vestir-se

ჩაცმა

dormir

ძილი

despertar-se

გაღვიძება

activitats - მოქმედებები

mirar

დათვალიერება

plorar

ტირილი

amoixar

გაუთოება

pentinar

დავარცხნა

parlar

ლაპარაკი

comprendre

გაგება

demanar

შეკითხვა

escoltar

მოსმენა

beure

დალევა

menjar

ჭამა

endreçar

დალაგება

estimar

ყვარება

cuinar

კერძების მზადება

conduir

სვლა

volar

ფრენა

navegar

აფრის ქვეშ სიარული

calcular

გამოთვლა

llegir

წაკითხვა

aprendre

შესწავლა

treballar

მუშაობა

casar-se

ქორწინება

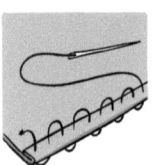

cosir

კერვა

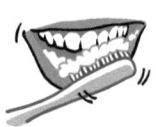

raspallar-se les dents

კბილების ხეხვა

matar

მოკვლა

fumar

მოწევა

enviar

გაგზავნა

àvia
ბებია

avi
ბაბუა

pare
მამა

mare
დედა

nadó
ბავშვი

filla
ქალიშვილი

fill
ვაჟიშვილი

convidat

სტუმარი

tia

დეიდა

oncle

ბიძა

germà

ძმა

germana

და

COS

სხეული

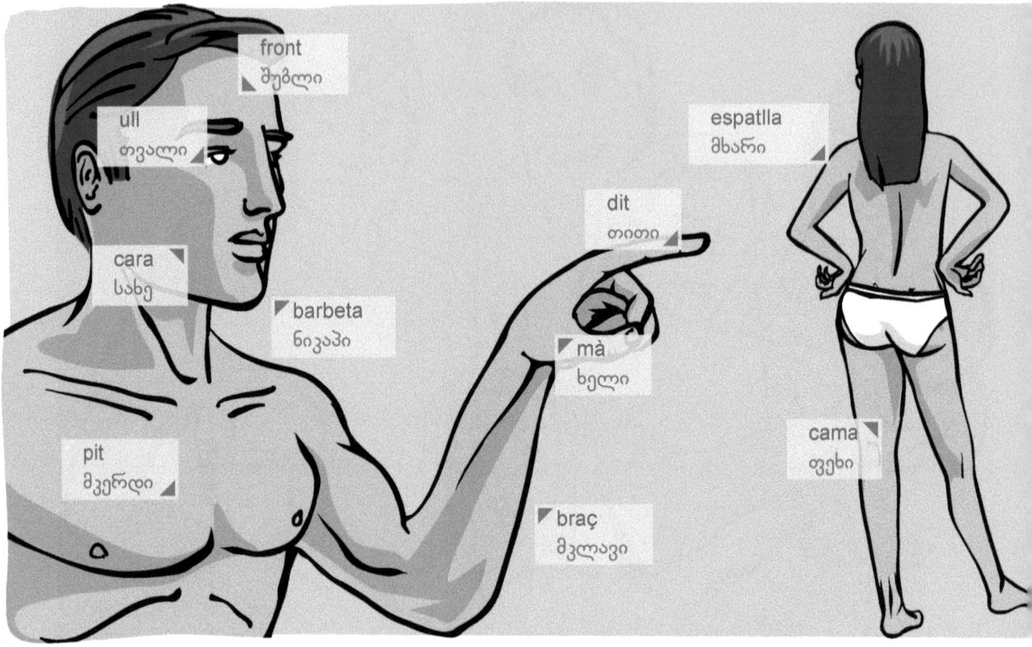

front
შუბლი
ull
თვალი
espatlla
მხარი
dit
თითი
cara
სახე
barbeta
ნიკაპი
mà
ხელი
cama
ფეხი
pit
მკერდი
braç
მკლავი

nadó

გავშვი

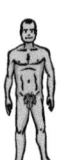

home

კაცი

dona

ქალი

noia

გოგო

noi

ბიჭი

cap

თავი

esquena

ზურგი

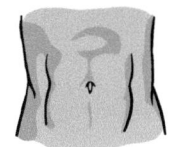

panxa

მუცელი

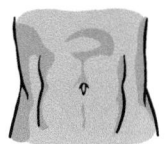

melic

ჭიპი

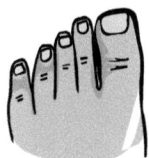

dit gros del peu

ფეხის თითი

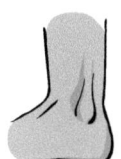

taló

ქუსლი

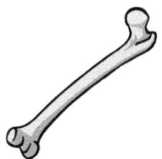

os

ძვალი

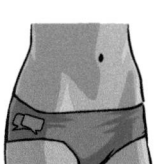

maluc

ბარძაყი

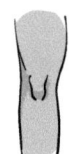

genoll

მუხლი

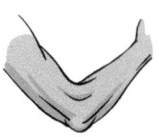

colze

იდაყვი

nas

ცხვირი

cul

დუნდულა

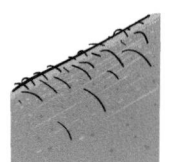

pell

კანი

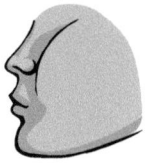

galta

ლოყა

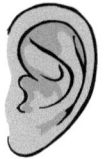

orella

ყური

llavi

ტუჩი

boca

პირი

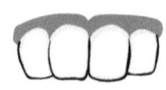

dent

კბილი

llengua

ენა

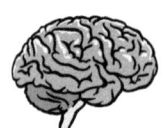

cervell

ტვინი

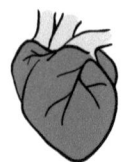

cor

გული

múscul

კუნთი

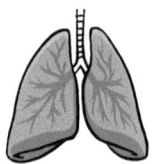

pulmó

ფილტვი

fetge

ღვიძლი

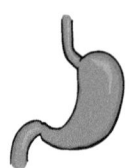

estómac

კუჭი

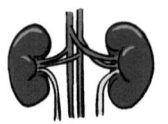

ronyó

თირკმელები

relació sexual

სექსი

preservatiu

პრეზერვატივი

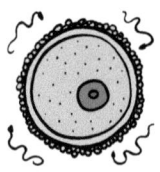

ovari

კვერცხუჯრედი

semen

სპერმა

prenyat

ორსულობა

cos - სხეული

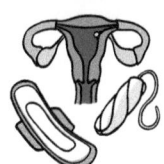

menstruació

მენსტრუაცია

vagina

საშო

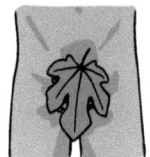

penis

პენისი

cella

წარბი

cabells

თმა

coll

კისერი

hospital
საავადმყოფო

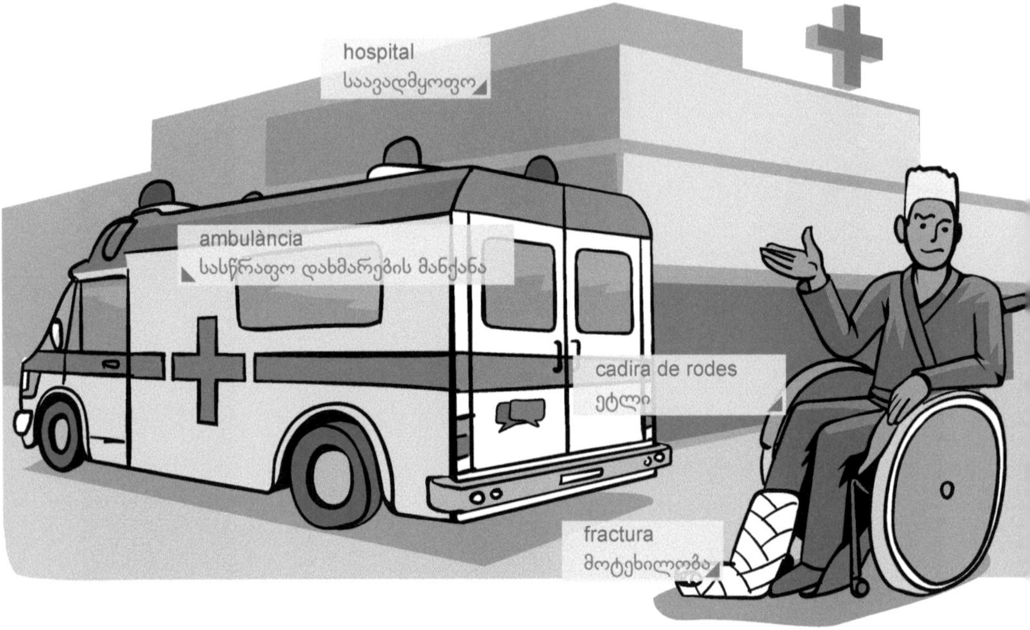

hospital
საავადმყოფო
ambulància
სასწრაფო დახმარების მანქანა
cadira de rodes
ეტლი
fractura
მოტეხილობა

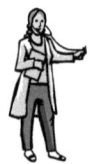

doctora
ექიმი

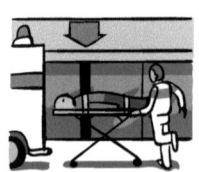

sala d'urgències
პირველი დახმარების ოთახი

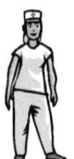

infermera
მედდა

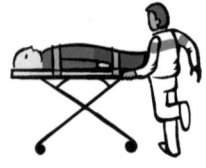

urgència
გადაუდებელი შემთხვევა

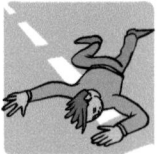

inconscient
უგონოდ მყოფი

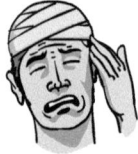

dolor
ტკივილი

ferida

დაზიანება

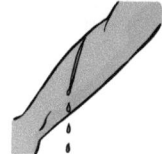

sagnament

სისხლდენა

atac de cor

გულის შეტევა

apoplexia

ინსულტი

al·lèrgia

ალერგია

tos

ხველა

febre

ცხელება

gripa

გრიპი

diarrea

დიარეა

mal de cap

თავის ტკივილი

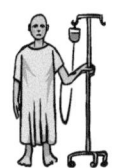

càncer

კიბო

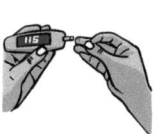

diabetis

დიაბეტი

cirurgià

ქირურგი

escalpel

სკალპელი

operació

ოპერაცია

tomografia computada (TC), TAC

კტ

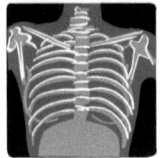

raigs x

რენტგენი

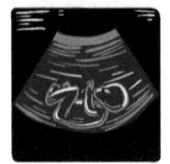

ultrasò

ულტრაბგერა

mascareta

ნიღაბი

malaltia

დაავადება

sala d'espera

მოსაცდელი ოთახი

crossa

ყავარჯენი

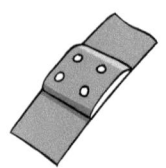

tireta

თაბაშირი

embenat

ბინტი

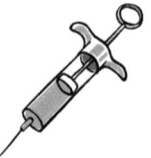

injecció

ინექცია

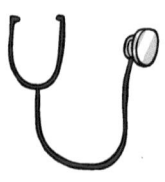

estetoscopi

სტეტოსკოპი

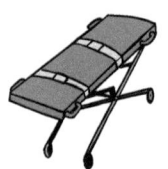

llitera

საკაცე

termòmetre clínic

თერმომეტრი

pariment

დაბადება

sobrepès

ჭარბი წონა

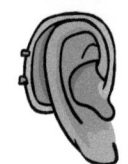

aparell auditiu

სმენის აპარატი

desinfectant

სადეზინფექციო საშუალება

infecció

ინფექცია

virus

ვირუსი

VIH / SIDA

აივ / შიდსი

medicina

წამალი

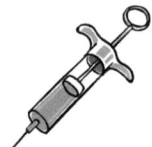

vaccí

ვაქცინაცია

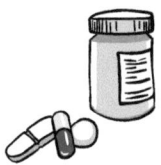

comprimits

ტაბლეტები

píl·lola

აბი

trucada d'urgència

გადაუდებელი გამოძახება

tensiòmetre

წნევის საზომი აპარატი

malalt / sà

ავადმყოფი / ჯანმრთელი

urgència

გადაუდებელი შემთხვევა

Socors!

დამეხმარეთ!

alarma

განგაში

assalt

თავდასხმა

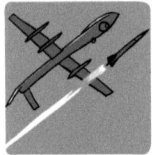

atac

შეტევა

perill

საფრთხე

sortida-eixida d'urgència

სათადარიგო გასასვლელი

Foc!

ხანძარი!

extintor

ცეცხლსაქრობი

accident

უბედური შემთხვევა

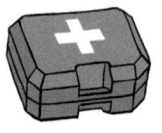

farmaciola de primers auxilis

პირველადი დახმარების აფთიაქი

SOS

SOS

policia

პოლიცია

Europa

ევროპა

Amèrica del Nord

ჩრდილოეთ ამერიკა

Amèrica del Sud

სამხრეთ ამერიკა

Àfrica

აფრიკა

Àsia

აზია

Austràlia

ავსტრალია

Atlàntic

ატლანტიკა

Pacífic

წყნარი ოკეანე

Oceà Índic

ინდოეთის ოკეანე

Oceà Antàrtic

ანტარქტიკის ოკეანე

Oceà Àrtic

ჩრდილოეთის ყინულოვანი
ოკეანე

pol nord

ჩრდილოეთ პოლუსი

pol sud

სამხრეთ პოლუსი

Antàrtida

ანტარქტიდა

terra

დედამიწა

país

ხმელეთი

mar

ზღვა

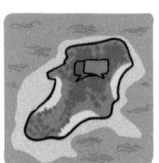

illa

კუნძული

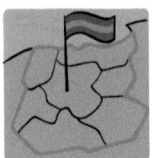

nació

ერი

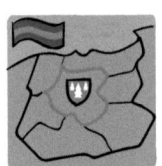

estat

სახელმწიფო

rellotge
საათი

quadrant

ციფერბლატი

agulla de les hores

საათების ისარი

agulla dels minuts

წუთების ისარი

agulla dels segons

წამების ისარი

Quina hora és?

რომელი საათია?

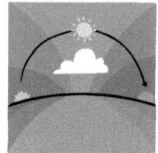

dia

დღე

temps

დრო

ara

ახლა

rellotge digital

ციფრული საათი

minut

წუთი

hora

საათი

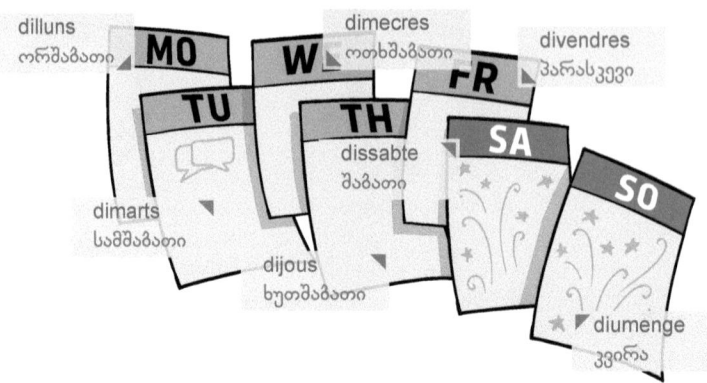

setmana

კვირა

SA
dilluns
ორშაბათი
dimarts
სამშაბათი
dimecres
ოთხშაბათი
dijous
ხუთშაბათი
divendres
პარასკევი
dissabte
შაბათი
diumenge

ahir

გუშინ

avui

დღეს

demà

ხვალ

matí

დილა

migdia

შუადღე

tarda

საღამო

dia feiner

სამუშაო დღეები

cap de setmana

შაბათი-კვირა

pluja
წვიმა
arc de Sant Martí
ცისარტყელა
neu
თოვლი
vent
ქარი
primavera
გაზაფხული
tardor
შემოდგომა
estiu
ზაფხული
hivern
ზამთარი

4.APRIL 11°
5.APRIL 4°
6.APRIL 13°
7.APRIL 8°
8.APRIL 10°

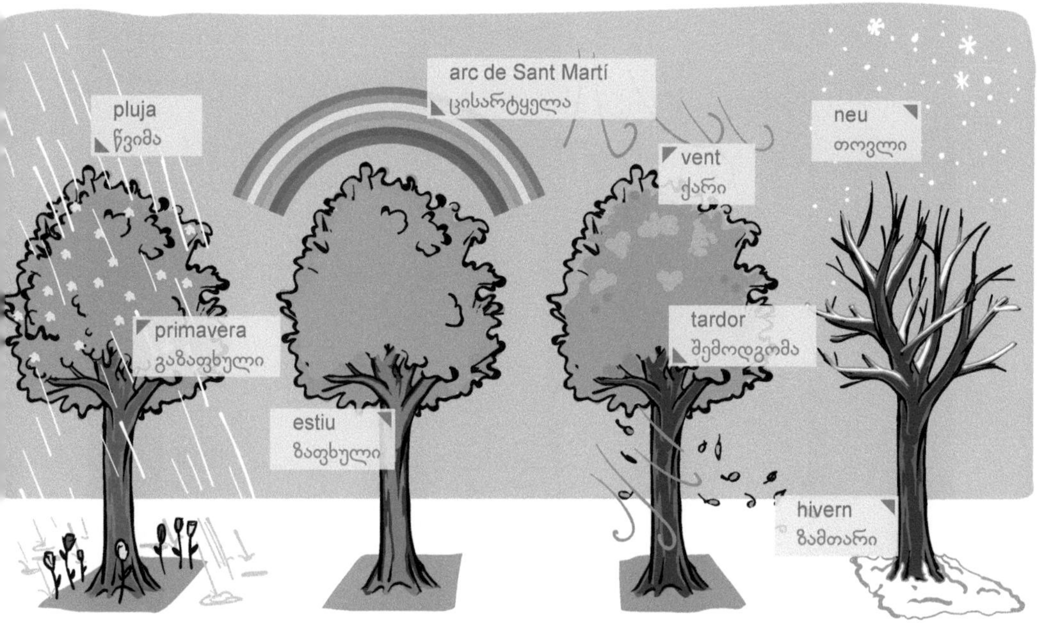

pronòstic del temps
ამინდის პროგნოზი

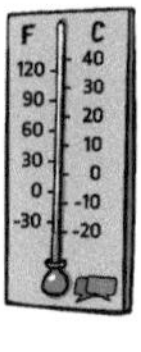

termòmetre
თერმომეტრი

llum del sol
მზის სხივი

núvol
ღრუბელი

boira
ნისლი

humiditat de l'aire
ტენიანობა

llamp

ელვა

tro

ქუხილი

tempesta

შტორმი

calamarsa

სეტყვა

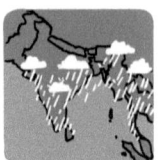

monsó

მუსონი

inundació

წყალდიდობა

gel

ყინული

gener

იანვარი

febrer

თებერვალი

març

მარტი

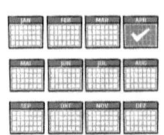

abril

აპრილი

maig

მაისი

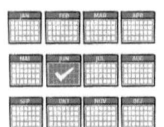

juny

ივნისი

juliol

ივლისი

agost

აგვისტო

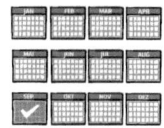

setembre

სექტემბერი

octubre

ოქტომბერი

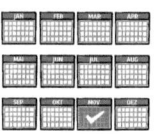

novembre

ნოემბერი

desembre

დეკემბერი

formes
ფორმები

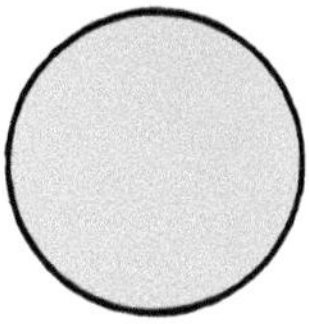

cercle

წრე

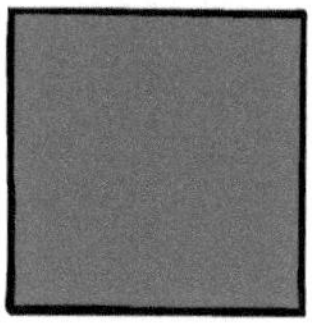

quadrat

კვადრატი

rectangle

მართკუთხედი

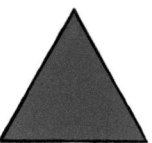

triangle

სამკუთხედი

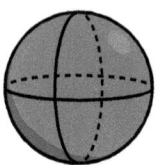

esfera

სფერო

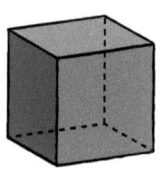

cub

კუბი

colors

ფერები

blanc

თეთრი

groc

ყვითელი

taronja

ნარინჯისფერი

rosa

ვარდისფერი

vermell

წითელი

lila

იისფერი

blau

ცისფერი

verd

მწვანე

marró

ყავისფერი

gris

ნაცრისფერი

negre

შავი

oposats

საპირისპიროები

molt / poc

ბევრი / ცოტა

emprenyat / tranquil

გაბრაზებული / მშვიდი

bonic / lleig

ლამაზი / მახინჯი

començament / fi

დასაწყისი / დასასრული

gran / petit

დიდი / პატარა

clar / fosc

ნათელი / მუქი

germà / germana

ძმა / და

net / brut

სუფთა / ჭუჭყიანი

complet / incomplet

სრული / არასრული

dia / nit

დღე / ღამე

mort / viu

მკვდარი / ცოცხალი

ample / estret

განიერი / ვიწრო

comestible / immenjable

საჭმელად ვარგისი / საჭმელად უვარგისი

dolent / amable

ბოროტი / კეთილი

entusiasmat / entediat

შთამბეჭდავი / მოსაწყენი

gros / prim

სქელი / თხელი

primer / darrer

პირველი / ბოლო

amic / enemic

მეგობარი / მტერი

ple / buit

სრული / ცარიელი

dur / tou

მყარი / რბილი

pesant / lleuger

მძიმე / მსუბუქი

gana / set

მოშიებული / მწყურვალე

malalt / sà

ავადმყოფი / ჯანმრთელი

il·legal / legal

არალეგალური / ლეგალური

intel·ligent / ximple

ინტელექტუალი / სულელი

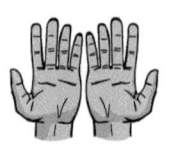

esquerra / dreta

მარცხენა / მარჯვენა

prop / llunyà

ახლოს / შორს

nou / usat

ახალი / გამოყენებული

res / quelcom

არაფერი / რაღაცა

vell / jove

მოხუცი / ახალგაზრდა

encès / apagat

ჩართვა / გამორთვა

obert / tancat

ღია / დახურული

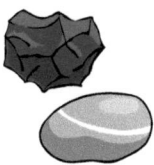

silenciós / sorollós

ჩუმი / ხმამაღალი

ric / pobre

მდიდარი / ღარიბი

correcte / incorrecte

მართალი / მტყვანი

aspre / suau

უხეში / გლუვი

trist / content

სევდიანი / ბედნიერი

curt / llarg

მოკლე / გრძელი

lent / ràpid

ნელი / სწრაფი

humit / sec - eixut

სველი / მშრალი

calent / fred

თბილი / გრილი

guerra / pau

ომი / მშვიდობა

nombres
რიცხვები

0

zero

ნული

1

u

ერთი

2

dos

ორი

3

tres

სამი

4

quatre

ოთხი

5

cinc

ხუთი

6

sis

ექვსი

7

set

შვიდი

8

vuit

რვა

9

nou

ცხრა

10

deu

ათი

11

onze

თერთმეტი

12

dotze

თორმეტი

13

tretze

ცამეტი

14

catorze

თოთხმეტი

15

quinze

თხუთმეტი

16

setze

თექვსმეტი

17

disset

ჩვიდმეტი

18

divuit

თვრამეტი

19

dinou

ცხრამეტი

20

vint

ოცი

100

cent

ასი

1.000

mil

ათასი

1.000.000

milió

მილიონი

llengües

ენები

anglès

ინგლისური

anglès americà

ამერიკული ინგლისური

xinès mandarí

ჩინური მანდარინი

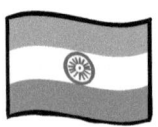

hindi

ჰინდი

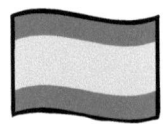

espanyol

ესპანური

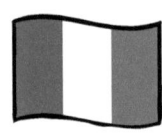

francès

ფრანგული

àrab

არაბული

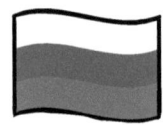

rus

რუსული

portuguès

პორტუგალიური

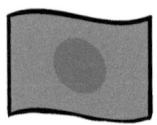

bengalí

ბენგალური

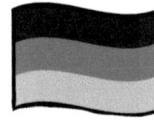

alemany

გერმანული

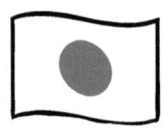

japonès

იაპონური

qui / què / com
ვინ / რა / როგორ

jo

მე

tu

შენ

ell / ella / allò

ის / ის / იგი

nosaltres

ჩვენ

vosaltres

თქვენ

ells

ისინი

qui?

ვინ?

què?

რა?

com?

როგორ?

on?

სად?

quan?

როდის?

nom

სახელი

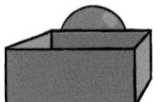

on
სად

darrere

უკან

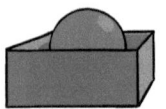

en

შიგნით

davant de

წინ

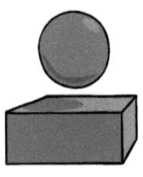

damunt

ზედ

sobre

=-ზე

sota

ქვეშ

al costat

გვერდით

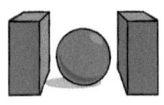

entre

შორის

lloc

ადგილი